AF611814

INVENTAIRE ET PRISEE

des Liures trouués en la Bibliotheque de hault & puissant Seigneur Messire François de Bassompiere Cheualier des Ordres du Roy, Mareschal de France, & Colonel general des Suisses, faite à la requeste de Monsieur le Procureur du Roy au Chastelet, & en ensuiuant l'ordonnance de Monsieur le Lieutenant Ciuil, par nous Sebastien Cramoisy Marchand Libraire Iuré, Imprimeur ordinaire du Roy, de la Reyne Regente, & Directeur de l'Imprimerie Royale, & Iacob Cheualier aussi Marchand Libraire, les Ieudy 25. Vendredy 26. Samedy 27. Lundy 29. Mardy 30. Mercredy dernier iour d'Octobre, & le Lundy [illegible] iour de Nouembre 1646.

PREMIEREMENT.

BIBLIA sacra folio, è Typographia Regia, huit volumes reliés en maroquin incarnat dorés sur tranche, lxxv. liures.

Augustini Opera fol. Basileæ, dix volumes reliés veau fauue 1529. Froben, c. liu.

Hieronymi Opera fol. Parisiis apud Carolum Guillard 1546.

quatre volumes reliés veau fauue, xx. liu.

Gregorij Magni Opera fol. deux volumes, apud Carolum Guillard 1551. veau fauue, x. liu.

Ambrosij Opera fol. deux volumes, apud Carolum Guillard 1549. veau fauue, x. liu.

Bibliotheque historiale de Vignier fol. Paris, trois volumes Langelier 1600. veau fauue, xv. liu.

Histoire Ecclesiastique de Vignier fol. Leyden, veau fauue, v. liu.

Sommaire de l'Histoire des François, par Vignier fol. Paris, chez Sebastien Niuelle 1579. veau fauue, iij. liu.

Histoire des Papes, par du Chesne fol. Paris, 1645. chez Aliot, veau fauue, iij. liu.

Morale Chrestienne de Marandé fol. Paris, grand papier, chez Michel Soly 1645. deux volumes, veau fauue, xij. l.

Histoire des Guerres de Flandres, de Famianus Strada, fol. grand papier Paris, chez Sommauille 1644. veau fauue, v. l.

Petauij Theologica dogmata fol. trois volumes, grand papier, Parisiis, apud Sebast. Cramoisy 1644. veau fauue, xviij. l.

Pompe funebre de tutte le Natione, del Mundo fol. in Verrona 1639. veau fauue, iij. liu.

Vie des Saincts, sur velin, manuscrite reliée maroquin incarnat in folio, iv. liu. x. sols.

Tresor de la Maison Royale de Fontainebleau, fol. Paris, chez Sebastien Cramoisy 1642. grand papier, maroquin incarnat, iv. liu.

Tite Liue en François, manuscrit sur velin, relié maroquin incarnat, x. liu.

Nouum Testamentum Græcum, fol. Paris, ex Typographia Regia 1642. relié maroquin incarnat, viij. liu.

Bernardi Opera, fol. six volumes, ex Typographia Regia 1642. relié maroquin incarnat, liv. liu.

De Imitatione Christi fol. ex Typographia Regia 1640. relié maroquin incarnat, vij. liu.

Introduction à la vie Deuote, de Monsieur de Salles, fol. Paris, de l'Imprimerie Royale 1641. relié maroquin incarnat, vij. liu.

Instruction du Chrestien, par Monsieur le Cardinal de Richelieu, fol. Paris, de l'Imprimerie Royale 1642. maroquin incarnat, v. liu.

Les Principaux poincts de la Foy, par Monsieur le Cardinal de Richelieu, fol. de l'Imprimerie Royale 1644. relié en maroquin incarnat, IV. liu.

Historia d'Auila, fol. Paris, de l'Imprimerie Royalle 1644. deux volumes en Italien relié maroquin incarnat, xvj. liu.

Il Tasso, fol. de l'Imprimerie Royalle 1644. relié maroquin incarnat, vij. liu.

Virgilius fol. Paris, ex Typograph. Regia 1641. relié maroquin incarnat, vij. liu.

Horatius fol. ex Typograp. Regia 1641. relié maroquin incarnat, v. liu.

Iuuenalis & Persius fol. ex Typograph. Regia 1644. relié maroquin incarnat, iij. liu.

Terentius fol. ex Typographia Regia 1641. relié maroquin incarnat, iiij. liu.

Vrbani Papæ Poëmata fol. ex Typographia Regia 1641. maroquin incarnat, iij liu. x. sols.

Ordonnances de la Ville de Paris, fol. grand papier, chez Rocollet 1644. maroquin incarnat plain or. vj. liu.

Francisci Archiepiscopi Rothomagensis Apologia Euangelij fol. Parisiis, apud Antonium Stephanum 1625. relié maroquin incarnat, iij. liu. x. sols.

Torquato Tasso di Bernardo Castello cum le figure fol. in Genua 1617. maroquin, vi. liu.

Heures d'Henry III. in quarto, à Paris, chez Iamet Mettayer 1586. maroquin incarnat, v. liu.

Petau de la Penitence publique, in quarto Paris, chez Sebastien Cramoisy 1644. relié maroquin incarnat, ij. liu.

L'Entrée d'Anne de Bretagne à Paris, in quarto velin manuscrit, relié maroquin. iij. liu.

Chirurgia Amondauillæ manuscrit in quarto, relié maroquin incarnat. ij. liu.

El Siglo Pitagorico in quarto in Roan, en maroquin incarnat 1644. j. liu.

Academias Morales par Henrico Morez, in quarto, veau rouge, imprimé à Roüen, i. liu.

Academie des Princes par Menard in quarto, grand papier, à Paris chez Sebaſtien Cramoiſy 1646. veau fauue. xx. ſ.

Des Miſericordes de Dieu, par le Pere Yues, à Paris chez la Veufue Buon 1645. veau fauue, xv. ſ.

Hiſtoire de France par la Popeliniaire, fol. deux volumes 1581. veau fauue, xv. liu.

Hiſtoria Americæ cum figuris fol. quatre volumes Francofurti 1634. veau fauue, xx. liu.

Oeuures Du-Bartas fol. grand papier, deux volumes, Paris chez Touſſaint Dubray 1614. veau fauue, vj. liu.

Ciuitates Orbis Terrarum fol. trois volumes, laué, relié en velin à la mode de Flandres, lxxv. l.

Alſtedij Encyclopedia fol. Erbornæ Naſſioui 1630. quatre volumes, veau fauue, xvj. liu.

Chronologie generalle des Papes, Roys, &c. fol. Paris 1630. auec les figures, veau fauue, ix. liu.

Diuerſes pieces pour la deffence de la Reyne Mere, par S. Germain, fol. grand papier, trois volumes, relié veau fauue, viij. liu.

Atlas de Mercator en François laué, deux volumes 1633. Amſtelodami, veau fauue, xx. liu.

Theatrum Imperij Germanici, fol. Amſtelodami, apud Ianſonium 1632. veau fauue, vj. liu.

Syſtema Chronologicum Heluici, fol. Francofurti 1628. relié veau fauue, xxx. ſols.

Libertés de l'Egliſe Galicane, fol. deux volumes, veau fauue 1639. xij. liu.

Hiſtoire des Papes fol. grand papier, à Paris chez Villery 1645. relié veau fauue, v. liu.

Corneille Tacite en François de Chanualon fol. à Paris chez la veufue Camuſat 1644. veau fauue, iij. x. ſ.

Le Monde de Dauity fol. ſix volumes, à Paris chez Claude Sonnius 1637. relié veau fauue, xij. liu.

Eraſmi & Melanthonis Epiſtolæ fol. Londini 1642. deux volumes, veau fauue, iiij liu. dix ſols.

Histoire du Mareschal de Toiras, fol. à Paris chez Sebastien Cramoisy 1644. veau fauue. ij. liu. dix sols.

Les Tableaux de Philostrate folio Paris, 1632. veau fauue, vj. liu.

Histoire de Malthe, fol. Paris chez Michel Soly 1629. deux volumes, veau fauue, iv. liu.

Marcillius Ficinus, fol. deux volumes, Basileæ 1561. veau fauue, vij. liu.

Histoire des Pays-bas, par Meteran fol. à la Haye 1618. veau fauue, v. liu.

Iunctini Opera, fol. deux volumes, Lugduni 1583. veau fauue, ix. liu.

Histoire Ecclesiastique de Nicephore, fol. paris chez Langelier 1586. veau fauue, iij. liu.

Histoire de Matthieu, fol. deux volumes, paris chez la veufue Buon 1631. veau fauue, vij. liu. x. sols.

Stemmata Lotaringiæ, fol. parisiis apud Chaudiere 1580. veau fauue, vi. liu.

Cosmographia di Munstero, fol. en Italien, Basileæ 1558. veau fauue, iij. liu. x. s.

Plutarque fol. paris, quatre volumes, laué reglé, chez Morel 1618. veau fauue, xij. liu.

Harmonie vniuerselle du Pere Mersene, fol. à paris chez Cramoisy 1636. deux volumes, veau fauue, vij. liu.

Iuliani Opera Grec & Latin, in quarto, parisiis apud Sebastianum Cramoisy 1630. veau fauue, xxx. s.

Arnauld de la Frequente Communion in quarto, à Paris chez Vitré 1643. veau fauue, ij. liu.

Arnauld la Tradition de l'Eglise in quarto, à Paris chez Vitré 1644. veau fauue, ij. liu.

Les Cheuilles du Menusier de Neuers, in quarto, à Paris chez Quinet 1644. veau fauue, xx. s.

Le Flambeau du Iuste, par le Pere Sebastien de Senlis, in quarto, deux volumes, chez la veufue Buon 1642. relié veau fauue, ij. liu.

Greuin des Venins, in quarto, à Anuers Plantin 1568. veau fauue, xxv. s.

Historia de la China del Cemedo, in quarto, in Roma 1643. veau fauue, xx. f.

Blanche Infante de Castille, in quarto, à Paris chez Sommauille 1644. veau fauue, xx. f.

Memoires du Tillet, in quarto, à Paris chez Langelier 1607. relié veau fauue, xxxxx. f.

Discours Politiques de la Noue, à Basle 1587. veau fauue, xxx. sols.

Guierre di Fiandra di Iustiniano, en Anuersa 1609. veau fauue, iij. liu.

Portæ Physionomiæ, in quarto, Neapoli 1603. relié veau fauue, xxx. f.

Les Entretiens d'Hermodore, in quarto, à Lyon chez Iean Caffin 1634. veau fauue, xxx. f.

Deux Sommaires Armorial, in quarto, à Paris chez Billaine, veau fauue, xx. f.

Histoire des Incas & du Peru, in quarto, à Paris chez Courbé 1633. veau fauue, ij. liu.

Historia di Francia d'Auila, in quarto, Venetiæ 1634. veau fauue, ij. liu.

Ritratti di Capitani Illustri, in quarto, in Roma 1635. veau fauue, ij. liu. x. f.

Emblemas Morales de Dom Ioan Orosco, in quarto, en Saragosa 1604. veau fauue, xxx. f.

Ioachini Abbatis Vatissinis, in quarto, Venetiis 1589. veau fauue, ij. liu. x. f.

Histoire de la Maison de Medicis, in quarto, à Paris chez Perié 1564. veau fauue, xxv. f.

Discorsi Mathematici di Galileo Galilei, in quarto, in Leida 1638. veau fauue, xxv. f.

Æliani Tactica, in quarto, Lugduni Batauorum 1613. relié veau fauue, xx. f.

Imprese de Ruscelli, in quarto, in Venetia 1580. veau fauue, iij. liu.

Histoire des Comtes d'Anjou, auec quelques autres traictez, in quarto, à Paris chez Pierre Luilier 1572. veau fauue, xv. f.

Vite di Bartholomæo Coglione, in quarto, in Venetia 1569.

relié veau fauue, xxv. ſ.

Delrio de Magia, in quarto, Moguntiæ 1624. relié veau fauue, ij. liu.

Guerras de Flandres de Carlos Columna, in quarto, en Amberes 1625. veau fauue, ij. liu. x. ſ.

Relationes d'Antonio Perez, in quarto, à paris 1624. veau fauue, ij. liu. x. ſ.

Deux Recueils des diſcours Politiques, in quarto, à S. Geruais 1633. veau fauue, ij. liu. x. ſ.

Meurſij Gloſſarium Græco-Barbarum, in quarto, Lugduni Batauorum 1614. veau fauue, ij. liu.

Oeuures de Malherbe, in quarto, à paris 1630. relié veau fauue, chez Chapelain, xxx. ſ.

Hiſtoire de Sainct Louys, par Ioinuile, in quarto, à paris chez Sebaſtien Cramoiſy 1617. veau fauue, xx. ſ.

Petiti Variæ Lectiones, in quarto, à paris apud Carolum Morel 1633. relié veau fauue, xx. ſ.

Theatrum Hollandiæ, in quarto, laué, Amſtelodami 1632. relié veau fauue, iij. liu. x. ſ.

Vida di Carolo Quinto di Ludouico Dolce, in quarto, in Venetia 1561. veau fauue, ii. liu.

Les Vanitez de la Cour, in quarto, à paris chez Quinet 1640. relié veau fauue, xx. ſ.

Les Guerres de Naſſau, in quarto, deux volumes, à Amſtredam 1616. veau fauue, vij. liu.

Il Paſtor Fido di Guarini, in quarto, figuré, in Venetia 1602. veau fauue, ij. liu.

Hiſtoire de la Chine de Trigau, in quarto, à l'Iſle 1617. veau fauue, xxv. ſ.

Piaja Vniuerſal di Chriſtophoro Suarez, in quarto, 1630. veau fauue, xv. ſ.

Gouierno de Princippes, in quarto, in Valentia 1626. veau fauue, xx. ſ.

Fabulæ Faërni cum figuris, in quarto, Romæ 1564. veau fauue, xxx. ſ.

Scaliger contra Cardanum de ſubtilitate, in quarto, à paris 1557. veau fauue, xxx. ſ.

Panciroli Memorabilia, in quarto, Francof. deux volumes, veau fauue, ij. liu.

Nouueauté du Papisme, par du Moulin, in quarto, à Geneue 1633. relié veau fauue, xxx. s.

Architecture de Vitreuue, in quarto, à Geneue de Tournes 1618. veau fauue, xx. s.

Dictionaire Historique & poëtique, in quarto, à paris chez Guillaume le Bé 1617. relié veau fauue, ij. liu.

Synonyma Geographica Hortelli, in quarto, Antuerpiæ apud Plantin 1578. veau fauue, xxx. s.

Vigenere des Chifres, in quarto, à paris chez Abel Langelier 1586. veau fauue, ij. liu. x. s.

Guillelmus de Sancto Amore, in quarto, Constantiæ 1632. veau fauue, xxxv. s.

Cardanus de Somnis, in quarto, deux volumes, Basileæ 1562. relié veau fauue, ij. liu.

Iours Caniculaires, in quarto, à paris chez Foüet 1610. trois volumes, veau fauue, v. liu.

Paracelsi Opera, in quarto, six volumes, Franc-fort 1603. veau fauue, vij. liu.

Les Entretiens du Sage, in quarto, à paris chez la veufue Buon 1636. veau fauue, xv. s.

Politiques de Beneuent, in quarto, à paris chez Michel Soly 1621. veau fauue, xx. s.

De la Vertu des Payens, in quarto, à paris chez Targa, 1642. veau fauue, xv. s.

Baronij Epitome per Spondanum, fol. deux volumes, à paris apud de la Noüe 1630. veau fauue, vj. liu.

Histoire Romaine, par Dupleix, fol. grand papier, deux volumes, à paris chez Sonnius 1638. relié veau fauue, vj. liu.

Histoire de France d'Auila, fol. à paris deux volumes, Rocolet 1644. veau fauue, vij. liu.

Martialis cum Comment. diuersorum, fol. grand papier, parisiis apud Claudium Morellum 1617. veau fauue, vj. liu.

Recueil de diuerses Cartes lauées, in fol. trois volumes, reliées veau fauue, xviij. liu.

Vilalpandus in Ezechielem, fol. trois volumes, Romæ 1606. relié

relié veau fauue, xxiv. liu.

Geographia sacra à Sancto Paulo, fol. Paris 1641. Cramoisy veau fauue, iv. liu.

Le second volume de la Mer des Histoires en lettre gottique, relié veau fauue, iij. liu.

Theatrum Geograph. Bertij, fol. laué, Lugduni Batauorum 1618. veau fauue, x. liu.

Fleurs des Saincts de Rybadeneira, fol. à Paris chez la Veufue Buon 1635. veau fauue, iij. liu. x. s.

Theatrum Imperij Magnæ Britaniæ, laué, fol. Londini 1616. veau fauue, ix. liu.

Architectura di Labacco, fol. veau fauue, iv. liu.

Architectura di Vignola fol. veau fauue, iij. liu.

Stemmata Christianorum principium, fol. Augustæ Vindelicorum 1608. veau fauue, v. liu.

Description des Regles de tous les quartiers d'vn Camp, fol. à Grauehagen 1630. veau fauue, ij. liu.

Metamorphoses d'Ouide, fol. grand papier, à Paris chez la veufue Guillemot 1622. veau fauue, iv. liu. x. s.

Histoire genealogique de Bretagne, par le Bau, à Paris chez Alliot 1638. veau fauue, iij. liu.

Tite-Liue par Vigenere, fol. à Paris, quatre volumes, l'Angelier 1617. xvj. liu.

Bible Françoise, fol. trois volumes, à Paris du Puy 1587. veau fauue, xiv. liu.

Operè del Cardinal Bentinoglio, fol. grand papier, Paris 1645. veau fauue, v. liu.

Histoire des Plantes, fol. Lyon, deux volumes 1615. veau fauue, ix. liu.

Oeuures de Paré, fol. Lyon chez la veufue Rigaut 1633. veau fauue, iij. liu. x. s.

Laet descriptio Americæ, fol. Lugduni Batauorum 1633. veau fauue, iv. liu.

Matheole en François, fol. à Lyon chez Rouïllé 1572. relié veau fauue, v. liu.

Aldronandi Opera, fol. Bononiæ, vnze volumes, relié veau fauue, lxxx. liu.

Memoires de Languedoc, par Catel, fol. à Tholose 1633. veau fauue, iij. liu.

Histoires des Ministres d'Estat, par le sieur d'Auteüil, fol. à Paris chez Courbé 1642. veau fauue, iij. liu.

Scaliger de Emendatione temporum, fol. Geneuæ 1629. veau fauue, iv. liu. x. s.

Oeuures du Peron, fol. Paris, cinq volumes, veau fauue, xv. liu.

Petauius de doctrina Temporum, fol. deux volumes, parisiis apud Sebastian. Cramoisy 1627. veau fauue, viij. liu.

Petauij Vranologium, fol. parisiis apud Sebastian. Cramoisy 1630. veau fauue, iij. liu. x. s.

Histoire de Pline en François, fol. deux volumes, Paris 1608. veau fauue, vj. liu.

Pontani Historia rerum Danicarum, fol. Amsterodami 1631. veau fauue, iv. liu.

Histoire de France par Dupleix, fol. sept volumes, grand papier, à Paris chez Sonnius 1629. veau fauue, xviij. liu.

Notitia Imperij Romani, fol. Geneuæ 1623. veau fauue, ij. liu.

Martyrologium gallicanum, fol. à deux volumes, grand papier 1637. Cramoisy, veau fauue, x. liu.

Estats & Empires, fol. deux volumes, à Paris chez Pierre Cheualier 1627. grand papier, veau fauue, iv. liu.

Histoire de Procope, fol. à Paris chez Michel Sonnius 1587. veau fauue, xxx. s.

Histoire de France de Mezeraye, Tome premier, fol. à Paris chez Guillemot 1643. veau fauue, ix. liu.

Fortification de Hondius, fol. 1625. à la Haye, relié veau fauue, ij. liu.

Nouueau Tristan de Leonnois, fol. à Paris chez Buon 1567. veau fauue, xx. s.

Oeuures du Laurens, fol. Roüen 1621. veau fauue, iij. liu. x. s.

Histoire de Prouence, par Nostradamus, fol. Lyon, veau fauue, iv. liu.

Somme Theologique de Garasse, fol. à paris Chapelet 1625. veau fauue, iij. liu.

Hydrographie de Fournier, fol. à paris chez Soly 1643. veau fauue, iij. liu. x. s.

Decade de Louys XIII. par le Grain, fol. à paris chez Guillemot 1622. veau fauue, ij. liu.

Histoire de Diodore Scicilien, fol. à paris Abel l'Angelier 1587. veau fauue, ij. liu.

Oeuures de Grenade, fol. paris 1635. Huré, veau fauue, iij. x. sols.

Oeuures de Xenophon, fol. à Coligny 1613. veau fauue, iij. l.

Oeuures du Vair, fol. paris 1625. Cramoisy, deux volumes, relié veau fauue, iv. liu.

Caësius de Mineralibus, fol. Lugduni, apud Prost 1636. veau fauue, ij. liu. x. s.

Songe de Poliphile, fol. paris chez Keruer 1561. veau fauue, ij. liu.

Statuta Hospitalis Ierusalem, fol. Romæ 1588. veau fauue, iij. liu. x. sols.

Cardanus de Subtilitate, fol. Basileæ 1554. veau fauue, xxx. sols.

Histoire de Louys XI. par Matthieu, fol. paris, veau fauue, iij. liu.

Adriani Romani Apologia pro Archimede, fol. Turceburgi 1617. veau fauue, xxx. s.

Fortificationi di Scala, fol. Romæ 1527. veau fauue, iv. l.

Fortificationi di Carlo Theti, fol. in Vicenza 1617. veau fauue, iv. li.

Fortificationi di Lorini, fol. in Venetia 1609. veau fauue, iv. l.

Harangues Millitaires de Belle-forest, fol. à paris l'Angelier 1588. veau fauue, iv. liu.

Petiti Leges Atticæ, fol. parisiis apud Carolum Morel 1635. veau fauue, iij. liu.

Architectura di Scamosi, fol. Venetiis, deux volumes 1515. veau fauue, ix. liu.

Histoire de Portugal, de Ozorius, fol. Geneue 1581. veau fauue, v. liu.

La done del Caualier Marino, fol. Parigi 1623. veau fauue, iij. liu.

Le Mercure Tuſmegiſte, fol. Bourdeaux Milanges 1579. veau fauue, vj. liu.

Hiſtoire Palladienne, fol. paris 1555. veau fauue, ij. liu.

Imagines & Elogia Virorum ex Antiquis, Fului Vrſini figuris fol. 1570. veau fauue, iij. liu.

Caëlius Rhodiginus, fol. Baſileæ 1552. veau fauue, iij. li. x. ſ.

Epiſtres de Monſieur de Geneue, in quarto Lyon 1634. veau fauue, xxxv. ſ.

Il Cortegiano, in quarto Aldus Venetiis 1528. veau fauue, xxx. ſols.

Alkindus de Temporum Mutationibus, in quarto, Pariſiis 1540. veau fauue, xv. ſ.

Petronius Arbitrer cum comment. in quarto, Francofurti 1629. veau fauue, ij. liu. x. ſ.

Polyraphie de Triteme, in quarto, à Paris Keruer 1564. veau fauue, iij. liu.

Le Nozze degli Dei fauola di Cappolia, in quarto, in Frieuza 1637. veau fauue, xv. ſ.

Les Poëſies de Rapin, in quarto, à paris chez Cheualier 1610. veau fauue, xx. ſ.

Caëremoniale electionis Gregorij Papæ; in quarto Romæ 1622. veau fauue, xv. ſ.

Il Palmerino di Ludouico Dolce, in quarto, in Venetia 1561. veau fauue, xx. ſ.

Hiſtoria di Platina delle Vite di Pontifici, in quarto, in Venetia 1592. veau fauue, xxx. ſ.

Copernici Aſtronomia, in quarto, Amſtelodami 1617. veau fauue, ij. liu. x. ſ.

Orlando Innamorato, in quarto, in Venetia 1539. veau fauue, xxxv. ſ.

Methode pour bien conduire ſa Raiſon, par Deſcardes, in quarto, à Leyde 1637. veau fauue, xxxv. ſ.

Refranes ô Prouerbios, in quarto, à Lerida 1621. veau fauue, xx. ſols.

Barclai Pietas, in quarto, paris Mettayer 1612. veau fauue, xxx. ſols.

Hiſtoire du Cardinal Ximenes, in quarto, paris Cramoiſy 1635.

1635. veau fauue, xv. ſ.

Symeoni delle Medaglie, in quarto, in Lione de Tournes 1558. veau fauue, xv. ſ.

Mendoca delas Guerras delos Payſes Baxos, in quarto, en Madrid 1592. veau fauue, xxv. ſ.

Les vrays portraicts des Hommes Illuſtres, in quarto, 1581. veau fauue, xv. ſ.

Diſcorſi del Conte Andibal Romei, in quarto, in Venetia 1585. veau fauue, xx. ſ.

Hiſtoire de Veniſe, par de Fougaſſes 1638. deux volumes, veau fauue, iij. liu. x. ſ.

Le Parfaict Capitaine, in quarto, à Paris chez Houzé 1636. veau fauue, xx. ſ.

Les Poëmes de Pierre de Brach, in quarto, à Bourdeaux Milanges 1576. veau fauue, xv. ſ.

Chronique Scandaleuſe, in quarto, 1620. veau fauue, xx. ſ.

Deux Phyſionomica di Ghirardelli, in quarto, Bologna 1630. veau fauue, iv. liu.

Delle Offeſe & Deffe delle Citta & Fortezze di Giaccomo Lanteri, in quarto, in Venetia 1601. veau fauue, xxx. ſ.

Hiſtoire d'Herodian, in quarto, à paris, Morel 1581. veau fauue, xxx. ſ.

Cente Nouuelle di Sanſouino, in quarto, in Venetia 1566. veau fauue, ij. liu.

Penſieri di Aleſſandro Taſſoni, in quarto, in Venetia 1636. veau fauue, ij. liu.

Geneologia de Gli dei di Boccacio, in quarto, Venetia 1569. veau fauue, ij. liu. x. ſ.

Chronologia del Mondo di Sanſouino, in quarto, Venetia 1580. veau fauue, ij. liu.

Giardino di Luigi Contarino, in quarto, in Vecenza 1597. veau fauue, xxx. ſ.

Emblemata Ethico politica de Iulij Zincgrefij, in quarto, Francfort 1624. veau fauue, xxx. ſ.

Beza Poëmata Varia, in quarto 1597. veau fauue, xv. ſ.

Theatrum regium Lambertini, in quarto, Bruxellis 1628. veau fauue, xxx. ſ.

Caracteres des Passions, par le sieur de la Chambre, in quarto, à paris Rocolet 1640. veau fauue, xx. s.

Discorsi Morali di Agostino Mascardi, in quarto, in Venetia 1627. veau fauue, ij. liu.

Grotij Excepta, in quarto, parisiis Buon 1626. veau fauue, xxx. sols.

Deux, les Aduis de la Damoiselle de Gornay, in quarto, à paris Dubray 1634. veau fauue, ij. liu.

De Marca de Concordia Sacerdotij & Imperij, in quarto, Parisiis viduæ Camusat 1641. veau fauue, xxxv. s.

Collegium Conimbricense, in quarto, Lugduni 1622. cinq volumes, veau fauue, v. liu. x. s.

Histoire de Barbarie, par le P. Dam Ministre des Mathurins de Fontainebleau, in quarto, à paris Rocoller 1637. veau fauue, xxx. sols.

Alciati Emblemata, in quarto, Patauij 1621. deux volumes veau fauue, iij. liu.

Petrus Aurelius, in quarto, deux volumes, parisiis Morel 1632. veau fauue, iij. liu. x. s.

Vite degli Imperadori, in quarto, Venetia 1625. veau fauue, ij. liu. x. sols.

Histoire de Castriot, in quarto, à paris 1621. veau fauue, xxxv. sols.

Institution Morale de Picolomini, in quarto, à paris l'Angelier 1581. veau fauue, ij. liu.

Astolfo Boriosa de Messermaco Guazzo, in quarto, in Venetia 1539. veau fauue, xxx. s.

Le Ministre d'Estat, par Silhon, in quarto, Dubray & Rocollet, deux volumes, veau fauue & marbré, ij. liu. x. s.

Deux volumes de Galilei en Italien, in quarto, relié veau fauue, xxx. s.

Cataneo del Arte Militare, in quarto, Brescia 1608. veau fauue, xxx. s.

Le Cheualier deliberé, in quarto, manuscrit, sur velin, relié maroquin incarnat, xxv. s.

Lipsij Opera, in quarto, Antuerpiæ ex officina Plantiniana, neuf volumes, reliez en veau fauue, xiij. liu. x. s.

Esclaircissement de Meliton, in quarto, 1635. deux volumes, reliez veau fauue, iij. liu. x. s.

Recueil des affaires du Clergé, in quarto, six volumes. à Paris Vitré, veau fauue, vj. liu.

Science vniuerselle de Sorel, in quarto, à Paris Quinet 1641. cinq volumes, veau fauue, vj. liu.

Histoire du Cardinal d'Amboise, in quarto, à Paris Rocollet 1634. veau fauue, xv. s.

Histoire de Gesippe, in quarto, à Paris 1556. veau fauue, xv. sols.

Opuscoli del Signor Scipione Ammirato, in quarto, in Fiorenza 1640. veau fauue, ij. liu.

Samarthani Opera, in quarto, Parisiis, deux volumes 1632. veau fauue, ij. liu. v. s.

Florilegium Epigrammatum, Grec & Latin, in quarto, Comlian 1604. veau fauue, ij. liu.

Phisionomia Naturale di Batista Porta, in quarto, in Padoua 1622. veau fauue, xxx. s.

Conccetti Politici d'Octauiano Zuccaro, in quarto, in Bologna, veau fauue, xxx. s.

Le Roman de la Rose, in quarto, à Paris, lettre gottique, veau fauue, xx. s.

Dialogi di Antonio Brucioli, in quarto, 1537. in Venetia, veau fauue, xxv. s.

Arte de Cenni, in quarto, in Vicenza 1616. veau fauue, ij. l.

Tratado de Confirmationes Reales, in quarto, en Madrid 1630. veau fauue, xxv. s.

Lettere di Principi, in quarto, in Venetia 1531. trois volumes, veau fauue, v. liu.

Orlando Innamorato di Bojardo, in quarto, in Venetia 1553. veau fauue, xxx. s.

Ducento Nouelle Malespini, in quarto, in Venetia 1609. veau fauue, xxx. s.

I marmi del doni Academico Peregrino, in quarto, in Venetia 1552. veau fauue, xxv. s.

Orlando Innamorato, in quarto, in Venetia, 1541. veau fauue, xxx. s.

Historia del Mondo di Giuanni Targeagnota, in quarto, in Venetia, cinq volumes 1585. veau fauue, ix. liu.

Le Vergier d'Honneur, in quarto, lettre gottique, à paris, veau fauue, xx. s.

Theatre François des Seigneurs & Dames, par Dinet, in quarto, à paris 1642. veau fauue, xxx. s.

Archictetura di Serlio, in quarto, in Venetia 1619. veau fauue, ij. liu. x. s.

Conseiller d'Estat, in quarto, à paris Richer 1633. veau fauue, xxx. sols.

Defensio Ecclesiasticæ Herarchiæ Hallier, in quarto, à paris Morel 1632. veau fauue, xxxv. s.

Discorsi Sopra il Tacito di Maluezi, in quarto, in Venetia 1635. veau fauue, ij. liu.

Desseins de Laual, in quarto, à paris l'Angelier 1613. veau fauue, ij. liu.

Recherches de Pasquier, in quarto, à paris Sonnius 1607. veau fauue, xxv. s.

Petiti Eclogæ Chronologicæ, in quarto, à paris Morel 1632. veau fauue, xx. s.

Cardani Contradicentium Medicorum, in quarto, Lugduni 1548. deux volumes, veau fauue, xxx. s.

Ephemerides Origani, fol. Francofurti, trois volumes 1609. veau fauue, xv. liu.

Oeuures de Balzac, in quarto, à paris Rocolet 1644. veau fauue, xxxv. s.

Raynaudi Theologia Naturalis, in quarto, Lugduni du Four 1637. veau fauue, xxv. s.

Vita di P. Philippo Secondo di Campana, in quarto, in Vicenza 1608. trois volumes veau fauue, ij. liu. v. s.

Memoires de Castelnau, in quarto, à paris Chapelet 1621. veau fauue, xxv. s.

Historia Rhetiæ Sprekeri, in quarto, Colon-allobrogum, deux volumes 1629. veau fauue, ij. liu. x. s.

Memoires du Plessis Mornay, in quarto, deux volumes 1624. veau fauue, iv. liu.

Corona della Nobilita d'Italia de Crescensi, in quarto, in

Bolognia

Bologna 1639. veau fauue, ij. liu.

Tabulæ Friſicæ Mulleri, in quarto, Amſtelodami 1611. veau fauue, ij. liu. x. ſ.

Suetone, par Baudouyn, in quarto, à Paris Heuqueuille 1621. veau fauue, xxv. ſ.

Artemidoro, in quarto, in Venetia 1566. veau fauue, xv. ſ.

L'Eloquence Sacrée, in quarto, Bordeaux Milanges 1641. veau fauue, xv. ſ.

Eromene, in quarto, à Paris Courbé 1643. veau fauue, xxx. ſ.

Maſcardi del Arte Hiſtorica, in quarto, Romæ 1636. veau fauue, ij. liu. v. ſols.

Raguagli di Parnaſſo, in quarto, in Venetia, deux volumes 16.4. veau fauue, ij. liu. x. ſ.

Theatre d'Honneur, par Fauin, in quarto, à Paris Foüet, deux volumes 1607. iiij. l.

Petiti Miſſelanea, in quarto, Paris Morel 1630. veau fauue, xv. ſols. iv. l.

Aſtronomia Danica Longomontani, in quarto, Amſtelodami 1622. veau fauue, ij. liu. x. ſ.

Greuinus de Venenis, in quarto, Antuerpiæ Plantin 1571. veau fauue, xxv. ſ.

Grotij dicta Poëtarum apud Stobœum, in quarto, Paris Buon 1623. veau fauue, xxx. ſ.

Hiſtoire de Louys XII. par Seiſel & Dauton, in quarto, à Paris Pacard 1615. deux volumes, veau fauue, ij. liu. x. ſ.

Oeuures du Fauchet, in quarto, à Paris par Dauid le Clerc 1610. deux volumes, veau fauue, ij. liu. v. ſ.

Imagini de gli Dei di Cataro, in quarto, in Venetia 1571. veau fauue, ij. liu.

Bertij Commentaria rerum Germanicarum, in quarto, Amſtelodami 1632. veau fauue, iij. liu. x. ſ.

Deux Copernici Aſtronomia, in quarto, Amſtelodami 1617. veau fauue, deux exemplaires, v. liu.

Oeuures de S. Denis en François, in quarto, à Paris veufue Buon 1629. veau fauue, xxx. ſ.

Cardanus de Somnis, in quarto, Baſileæ 1585. veau fauue, xxx. ſols.

Hiſtoria de la Vnion de Portugal, in quarto, in Barcelona 1610. veau fauue, xxx. ſ.

Index Thuani, in quarto, Geneuæ 1634. veau fauue, xx. ſ.

Caſauboni Epiſtolæ, in quarto, Hagæ-comitis 1638. veau fauue, ij. liu.

Hiſtoire du Concile de Trente, in quarto, Troyes 1627. veau fauue, xxxv. ſ.

Opere de Machiauelli, in quarto, deux volumes, Geneue 1550. veau fauue, ij. liu. x. ſ.

L'Idea del Secretario di Bartholomeo Zucchi, in quarto, in Venetia 1600. deux volumes, veau fauue, iv. liu.

Memorie Hiſtoriche del Conte Majolino, in quarto, in Venetia 1642. veau fauue, ij. liu. v. ſ.

Ephemerides Argoli, in quarto, Venetiis 1623. veau fauue, ij. liu. x. ſols.

Hiſtoire d'Hongrie, par Fumée, in quarto, deux volumes, à Paris Foüet 1608. veau fauue, iij. liu. x. ſ.

Theologien François, in quarto, deux volumes, à Paris chez Soly 1641. veau fauue, iij. liu. x. ſ.

Hiſtoire de Boucicaud, in quarto, à Paris Pacard 1620. veau fauue, xxx. ſ.

Philoſtrate de la vie d'Apolonius, in quarto, à Paris Guillemot 1611. veau fauue, iiij. liu.

Chronica del Imperador Clarimundo, in quarto, en Liſboa 1601. veau fauue, ij. liu. v. ſ.

Gilbertus de Magnete, in quarto, Sedini 1633. veau fauue, xxxv. ſols.

Deux Paolo Giouio di Huomini Illuſtri, in quarto, in Fiorenza, deux exemplaires 1554. veau fauue, xx. ſ.

Gemmæ Friſij Coſmographia, in quarto, Antuerpiæ 1584. veau fauue, ij. liu.

Vegetius de arte millitari, in quarto, Plantin 1607. veau fauue, ij. liu.

Paolo Areſi della Tribulatione, in quarto, in Venetia 1634. deux volumes, veau fauue, ij. liu. v. ſ.

I. Fatti d'arme di Gio Carlo Saraceui, in quarto, in Venetia 1609. deux volumes, veau fauue, xxx. ſ.

Histoire des Cherifs, in quarto, à Paris Camusat 1637. veau fauue, xv. s.

Iacobi Gaddi Elogiographus, in quarto, Florentiæ 1638. veau fauue, xv. s.

Relationi di Botero, in quarto, in Venetia 1618. veau fauue, ij. liu. v. sols.

La Geomance de Catan, in quarto, Paris 1558. veau fauue, xv. sols.

Soledades de Luys de Gongora, in quarto, en Madrid 1636. veau fauue, xxv. s.

Il Rosario della Madona di Capaleone, in quarto, in Venetia 1600. veau fauue, xxv. s.

L'Hoggidi di l'Abbate Lancellotti, in quarto, in Venetia 1624. veau fauue, xxx. s.

Il Petrarcha, in quarto, in Venetia 1581. veau fauue, ij. l. x. s.

Les Faicts de Maistre Alain Chartier, in quarto, lettre gottique, veau fauue, xv. s.

Imprese di Lodouico Dolce, in quarto, in Venetia 1578. veau fauue, xxx. s.

Parnasse Royal, in quarto, Paris 1635. deux volumes veau fauue, ij. liu. x. s.

Dion Cassius en François, in quarto, à Paris Richer 1610. veau fauue, xxx. s.

Chifletij Insignia aurei velleris, in quarto, Antuerpiæ 1632. veau fauue, xxx. s.

Venerie de du Foüilloux, in quarto, à Paris l'Angelier 1585. veau fauue, xxx. s.

Petri Aurelij Vindiciæ Censuræ, in quarto, à Paris Morel 1632. veau fauue, ij. liu.

Thesoro Politico, in quarto, 1593. veau fauue, xxv. s.

Histoire de Charles VI. par Iuuenal des Vrsins, in quarto, à Paris Pacard 1614. veau fauue, ij. liu. v. s.

Histoire du Cheualier Bajart, in quarto, à Paris Pacard 1619. veau fauue, xxx. s.

Le Fort innexpugnable de l'honneur des Femmes, par Billon, in quarto, à Paris 1555. veau fauue, xx. s.

Discours de la Religion des Romains, par du Choul, in quarto, à Lyon 1580. veau fauue, xxx. ſ.

Panegeryque de Trajan par Pline, in quarto, à Paris Sommauille 1638. veau fauue, xv. ſ.

Hiſtoire des Indes de Iarric, in quarto, Bordeaux, trois volumes 1608. veau fauue, vj. liu.

Demonomanie de Bodin, in quarto, à Paris Dupuy 1587. veau fauue. xx. ſ.

Lettere di Bentiuoglio, in quarto, à Paris Rocolet 1635. veau fauue, xx. ſ.

Palagio degli Incanti, in quarto, Vicenza 1605. veau fauue, xx. ſols.

Verulamio de augmentis Scientiarum, in quarto, à Paris 1624. veau fauue, xxx. ſ.

Viginaire du Feu & du Sel, in quarto, à Paris l'Angelier 1618. veau fauue, xv. ſ.

Metij Aſtronomia, in quarto, trois volumes, Amſtelodami 1631. veau fauue, iij. liu. x. ſ.

Metij Opera Aſtronomica, in quarto, Amſtelodami 1633. veau fauue, ij. liu.

Leonis Imp. Tactica, Lugduni Batauorum 1612. veau fauue, xxx. ſols.

Nucleus Emblematum, in quarto, Coloniæ, veau fauue, xxx. ſols.

Bibliotheca Boldeiana, in quarto, Oxioniæ 1630. veau fauue, ij. liu.

Il Merito delle Donne, in quarto, Venet. 1600. veau fauue, xv. ſ.

Les Emblemes nouueaux de Zettre, in quarto, Francfort 1617. veau fauue, xxv. ſ.

Emblemes de Boiſſard, in quarto, à Mets 1595. veau fauue, xxv. ſols.

Orationi di Sanſouino, in quarto, in Venetia 1561. veau fauue, xxx. ſ.

Reges Auſtraſiæ, in quarto, Coloniæ 1593. veau fauue, xxv. ſ.

Celidon de Ideria, in quarto, en Alcala 1583. veau fauue, xxv. ſols.

Clapmarius de arcanis rerum public. in quarto, Francofurti 1624. veau fauue, xx. ſ.

Giouani

Giouani Pontani Opera, in quarto, deux volumes, Venetiis 1518. veau fauue, ij. liu. x. s.

Iansenius in Pentateuchum, in quarto, Louanij 1641. veau fauue, xxv. s.

Emblemata Camerarij, in quarto, 1590. Francofurti, veau fauue, v. liu.

Letere d'Annibal Caro, in quarto, in Venetia 1610. veau fauue, xxx. s.

Crolij Basilica Chymica, in quarto, Lipsiæ 1634. veau fauue, xxx. sols.

Geometrie de Boulanger, in quarto, à paris 1623. veau fauue, xxv. sols.

Tychonis Brahæ, in quarto, Pragæ 1602. trois volumes, veau fauue, vj. liu.

Procopius in libros Regum, in quarto, Lugduni Batauorum 1620. veau fauue, xxx. s.

Morgante Maggiore, in quarto, Venetia 1546. veau fauue, xx. sols.

Theatro de Principi di Doglioni, in quatro, in Venetia 1606. deux volumes, veau fauue, v. liu.

Theologie Naturelle, du P. Yues, in quarto, à paris, quatre volumes, veau fauue, v. liu.

Morales du P. Yues, in quarto, à paris Buon 1638. quatre volumes, veau fauue, v. liu.

Arianne, octauo, deux volumes, à paris Guillemot 1632. veau fauue, xxx. s.

Ranzouij Astrologia, in quarto, Coloniæ 1585. veau fauue, xx. sols.

Trithemij Steganographia, in quarto, Darmestadij 1621. veau fauue, xx. s.

La Somme des fautes de Garasse, in quarto, à paris 1626. trois volumes, veau fauue, iv. liu.

Metamorphosi d'Ouidio, in quarto, in Venetia 1561. veau fauue, xxxv. s.

Scaligeri Opuscula, in quarto, à paris, Droüart 1610. veau fauue, xxxv. s.

Scaliger contra Erasm, in quarto, Tholose 1621. veau fauue, xxv.ſ.

Polexandre, in quarto, deux volumes, & la Concluſion, in octauo, vn volume, qui ſont trois volumes, à Paris, veau fauue, iv. liu. x. ſols.

Memoires de Villeroy, in quarto, à Paris 1622. veau fauue, xxx. ſols.

Rami Scholæ Mathematicæ, in quarto, Francofurti 1627. veau fauue, xxv.ſ.

Hiſtoria di Matheo Vilani, in quarto, in Firenza 1581. deux volumes, veau fauue, iv. liu.

Inuentioni di Tartaglia, in quarto, Venetiis 1543. veau fauue, xxx. ſols.

Relationi del Cardinal Bentiuoglio, in quarto, in Parigi 1631. veau fauue, xxx. ſ.

Croniche di S. Franceſco, in quarto, in Venetia 1606. deux volumes, veau fauue, ij. liu.

Nauigationi del Ramuſio, fol. in Venetia 1613. veau fauue, xviij. liu.

Memoires de du Bellay, fol. à Paris 1588. veau fauue, iv. liu.

Alcoran, fol. Baſileæ 1550. veau fauue, v. liu.

Sleidanus de ſtatu religionis, fol. Argentorati 1556. veau fauue, iij. liu.

Paulus Æmilius, fol. à Paris Vaſcoſan 1544. veau fauue, ij. l.

Hiſtoire de Froiſſart, fol. à Paris 1574. quatre volumes, veau fauue, viij. liu.

Hieroglyphica Pierij, fol. Lugduni Frelon 1626. veau fauue, iv. liu.

Conference des Ordonnances, par Ioly, fol. deux volumes, à Paris chez Richer 1636. veau fauue, vij. liu. x. ſ.

Hiſtoire d'Italie, de Guichardin, fol. à Paris 1568. veau fauue, iv. liu.

Hiſtoire de Perce-foreſt, fol. à Paris 1531. lettre gottique, trois volumes, veau fauue, ix. liu.

Petrus Aurelius, fol. Pariſiis apud Vitré 1642. veau fauue, v. l.

Mythologie des Dieux, fol. à Paris chez Cheualier 1627. veau fauue, iv. liu. x. ſ.

Chronique de Monſtrelet fol. Paris l'Huillier, trois volumes, veau fauue, viij. liu.

Appian Alexandrin, fol. Lyon 1544. veau fauue, ij. liu. x. ſ.

Baconij de Verulamio Opera, fol. Londini 1638. veau fauue, iij. liu.

Catechiſme de Grenade, fol. à Paris Boulanger 1631. veau fauue, iij. liu. x. ſ.

Annales de Bourgogne, par Paradin, fol. Lyon 1566. veau fauue, iv. liu.

Coſmographia Merulæ, laué, fol. Amſtelodami 1621. veau fauue, v. liu.

Sextus Empericus, Grec & Latin, fol. Geneuæ 1621. veau fauue, iij. liu.

Commentaires Hiſtoriques, de Triſtan fol. à Paris Billaine 1635. vn volume, veau fauue, iij. liu.

Hiſtoire d'Angleterre, fol. grand papier, deux volumes, à Paris chez Petit-pas 1614. veau fauue, vj. liu.

Adagia Eraſmi, fol. Pariſiis, Sonnius 1579. veau fauue, iij. l.

Le Roy d'Armes, du P. de Varennes, fol. à Paris Billaine. 1635. veau fauue, iij. liu. x. ſ.

Hiſtoire deplorable d'Henry IV. par Matthieu, fol. à Paris Guillemot 1611. veau fauue, iij. liu. x. ſ.

Recueil de diuerſes pieces pour ſeruir à l'Hiſtoire, fol. à Paris 1635. veau fauue, vj. liu.

Chronologie de la Peyre, fol. à Paris Alliot 1632. veau fauue, iij. liu.

Hiſtoire du Conneſtable Deſdiguieres, fol. grand papier 1638. à Paris Rocolet, veau fauue, iij. liu. x. ſ.

Hiſtoire de Nauarre, par Fauin, fol. à Paris Sonnius 1612. veau fauue, v. liu.

Architecture du Muet, fol. à Paris 1623. veau fauue, iv. liu.

Architecture de Vitruue en François, fol. à Paris 1547. veau fauue, iij. liu.

Lettres du Cardinal d'Oſſat, fol. à Paris chez Boüillerot 1624. veau fauue, iii. liu. x. ſ.

Oeuures Mathematiques, de Steuin, fol. à Leyde 1634. veau fauue, iv. liu. x. ſ.

Vida de Carlos quinto, fol. Pamplona 1634. deux volumes,

veau fauue, x. liu.

Optica Aguiloni, fol. Antuerpiæ 1613. veau fauue, iv. liu.

Commentaires de Ceſar, par Viginaire, fol. à Paris chez l'Angelier 1590. veau fauue, v. liu.

Ianſenius Auguſtinus, fol. à paris Soly 1641. veau fauue, iv. liu.

Hiſtoire de Bretagne, par d'Argentré, fol. à paris chez Iacques Dupuy 1605. veau fauue, v. liu.

Senecæ Opera Iureti, fol. à paris Orri 1602. veau fauue, iij. l.

Deux Campanellæ Philoſophiæ, fol. à paris 1637. veau fauue, vj. liu.

Annales d'Aragon, de Surita, fol. ſix volumes, en Saragoſſe 1580. veau fauue, xxiv. liu.

Oeuures de Ronſard, fol. deux volumes, à Paris Buon 1623. veau fauue, vj. liu.

Galeni Opera, fol. Venetiis apud Iuntas 1565. ſept volumes, veau fauue, xxiv. liu.

Roberti Flud Opera, fol. cinq volumes, Openeni 1617. veau fauue, xxvij. liu.

Hiſtoire de Sainćte Marthe, fol. deux volumes. à paris 1628. veau fauue, viij. liu.

Ciceronis Opera Rob. Stephani, fol. quatre volumes 1538. veau fauue, xij. liu.

Hiſtoriæ Indiæ Occidentalis, fol. Francofurti, cum figuris, quatre volumes, veau fauue, xx. liu.

Hiſtoire Romaine de Coeffeteau, fol. à paris 1631. veau fauue, ij. liu. x. ſols.

Bibliotheque du Verdier, fol. à Lyon 1585. veau fauue, iij. l.

Plotini Opera, Grec & Latin, fol. Baſileæ 1580. veau fauue, iv. liu.

Calcondile, fol. Tome premier, & troiſiéme, fol. deux volumes, manque le ſecond, à paris l'Angelier 1620. veau fauue, iij. liu. x. ſols.

Annales d'Aquitaine, par Bouchet, fol. Poićtiers 1557. veau fauue, ij. liu.

Renaldos de Montauban, en Eſpagnol, fol. en Sebilla 1545. lettre gottique, veau fauue, iij. liu.

Cardanus

Cardanus de Sanitate Tuenda, fol. Basileæ 1582. veau fauue, ij. liu. x. s.

Cardanus de Astrorum Iudiciis, fol. Basileæ 1578. veau fauue, iij. liu.

Ombre apperenti del Ferro, fol. in Venetia 1529. veau fauue, v. liu.

Hugo de Militia Equestri, fol. Antuerpiæ 1630. veau fauue, iij. liu.

Historia di Garibai, fol. en Barsalona, quatre volumes, veau fauue, xiv. liu.

Garcæus de Natiuitatibus, fol. Basileæ 1576. veau fauue, iij. liu.

Michaëlis Hospitalij Epistolæ, fol. parisiis 1585. veau fauue, iij. liu.

Georgius Vallæ in quadripartitum Ptolomæi, fol. Venetiis 1552. veau fauue, ij. liu. x. s.

Republica Regia del Fabio Albergati, fol. in Bologna 1627. veau fauue, ij. liu. x. s.

Scaligeri Poëtices, fol. Lugduni 1561. veau fauue, iij. liu.

Vincentino de l'Antica musica, fol. in Roma 1555. veau fauue, iij. liu. x. sols.

Heinsij panegyricus Regis Suecorum, fol. Lugduni Batauorum 1632. veau fauue, x. s.

Historia del Caualiero Oliuante Delora, fol. en Barcelona 1564. veau fauue, iij. liu.

Figures de Vegece de l'Art militaire, fol. veau fauue, xx. s.

Zacconij Practica de Musica, fol. in Venetia 1529. veau fauue, iij. liu. x. sols.

Ioannis Baptistæ Portæ Magia Naturalis, fol. Neapoli 1589. veau fauue, iij. liu. x. s.

Porta de Furtiuis Literarum Notis, fol. Neapoli 1602. veau fauue, ij. liu. x. s.

Grotius de Iure belli ac Pacis, fol. 1631. Amstelodami, veau fauue, iij. liu.

Theatro de l'Inuentori de tute le Cose, fol. Neapoli 1603. veau fauue, iv. liu.

Paruta della Perfectione Politica, fol. in Venetia 1582. veau fauue, ij. liu.

Tyconis Brahæ Mathemat. fol. Noribergæ 1602. veau fauue, xxx. sols.

Gramondi Ludouicus decimustertius, fol. Parsiis Pepingué 1641. veau fauue, xv. s.

Sandoual Historia de Idacio Obispo, fol. en Pamplona 1634. veau fauue, iij. liu.

Sandoual Historia de los Reys di Castilla, fol. en Pamplona 1634. veau fauue, iv. liu.

Orlando Furioso, con le figuré, fol. in Venetia 1634. veau fauue, vj. liu.

Les Poëmes d'Expilli, fol. Grenoble 1624, veau fauue, ij. li.

Historia de Marco Plaolo Venitiano, fol. en Logronne 1529. lettre gottique, veau fauue, ij. liu. x. s.

Gaffori Practica musicæ, fol. Venetiis 1528. lettre gottique, veau fauue, iij. liu. x. s.

Historia de Dom Policine de Boëssia, fol. en Vallodolid 1602. veau fauue, iij. liu. x. s.

Dante di Landino, fol. in Venetia 1596. veau fauue, v. liu.

Fortifications de Ville, fol. Lyon 1629. veau fauue, iij. liu. x. s.

Ptolomæi Opera Latinè, fol. Basileæ 1541. veau fauue, xxx. s.

Boissatdus de Diuinatione, fol. Openenhii, veau fauue, iij. li.

Cardanus in Ptolomæum de Astrorum Iudiciis, fol. Basileæ 1554. veau fauue, iij. liu.

Chroniques de Sauoye, par Paradin, fol. Lyon 1602. veau fauue, ij. liu. x. s.

Symbola diuina & humana Tymposij, fol. Francofurti, veau fauue, vij. liu.

Les portraicts des Roys de France, par de Bye, fol. Paris 1634. veau fauue, iv. liu.

Histoire de du Haillan, fol. Paris Luilier, imparfait de la premiere feüille, veau fauue, iij. liu.

Palmerin d'Oliue, fol. Paris 1546. veau fauue, iij. liu.

Benedictus de Regno Moniqua fol. Augustæ 1574. veau fauue, ij. liu.

Les Forces Mouuantes, par Decaux, fol. Francofurti 1615. veau fauue, iij. liu. x. s.

Corneille Tacite, en François, fol. à Paris l'Angelier 1582. fauue, iij. liu. x. s.

Histoire de Gerard d'Euphraste, fol. à Paris 1549. veau fauue, ij. liu. x. sols.

Historia della India Oriental d'Antonio Dom Roman, fol. en Valladolid 1603. veau fauue, iv. liu.

Lansbergij Tabulæ Motuum, fol. Bidelburgi 1632. veau fauue, iij. liu. x. sols.

Histoire de Prima Leon de Grece, fol. à Paris 1550. veau fauue, ij. liu. x. s.

Philippus Prudens, fol. Antuerpiæ 1639. veau fauue, iij. liu.

Starauolscus de re Militari, fol. Amstelodami 1641. veau fauue, iij. liu.

Oeuures de Lucian, en François, fol. Paris l'Angelier 1581. veau fauue, v. liu.

Clauij Opera Mathematica, fol. quatre volumes, Moguntiæ 1612. veau fauue, xv. l.

Hipocratis Opera Cornarij, fol. Latinè, Lugduni 1567. veau fauue, ij. liu.

Historia Indiæ Orientalis, fol. Francofurti, trois volumes, 1624. veau fauue, xvj. liu.

Fortification de Erard, fol. à Paris 1620. veau fauue, iij. l.

Kepleri Prodromus, fol. Francofurti 1621. veau fauue, ij. liu. x. s.

Glareanus de Musica, fol. Basil. 1547. veau fauue, iij. li. x. s.

Osualdus de Septem Calendariis, fol. Basileæ, veau fauue, iij. liu.

Cabeus de Magnete, fol. Coloniæ 1629. veau fauue, iv. liu.

Historia de Dom Cristalian d'Espagna, fol. in Alcala, 1589. veau fauue, iv. liu.

Anatomia del Cauallo, fol. in Venetia 1599. deux volumes, veau fauue, vj. liu.

Chonique de Dom Flores de Grece, fol. à Paris 1552. veau fauue, ij. liu. x. s.

Illustrium Virorum Icones, fol. Romæ, expressi, fol. 1569. veau fauue, iij. liu.

Histoire de Berry, fol. Lyon 1566. veau fauue, iij. liu. x. s.

Geographie Hiſtorique, par le ſieur de la Godiniere, in quarto, grand papier 1645. veau fauue, xxx. ſ.

Oeuures Mathematiques, de Marolois, fol. Amſtredam, quatre volumes 1628. veau fauue, xv. liu.

Picus Mirandulanus, fol. Baſileæ, deux volumes 1601. veau fauue, vij. liu.

Iconologie de Ceſar Ripa, par Baudouyn, fol. à Paris 1637. veau fauue, iv. liu.

Thuani Hiſtoria, Tomus primus & ſecundus, fol. deux volumes, à Paris Droüart 1606. veau fauue, iv. liu.

Kepleri Aſtronomia, fol. 1609. veau fauue, iij. li. x. ſ.

Dimoſtrationi & Inſtitutioni Harmoniche di Zarlino, fol. Venetia 1571. deux volumes, veau fauue, viij. liu.

Conquiſta de las Iſlas Malucas por Leonardo de Argenſola, fol. Madrid 1609. veau fauue, iv. liu.

Bargæi Syriados, fol. à Paris 1582. veau fauue, xv. ſ.

Muſæum Calceolari, fol. Verone 1622. veau fauue, iv. l. x. ſ.

Poſſeuini Bibliotheca, fol. Coloniæ 1607. veau fauue, iv. liu.

Hiſtoire d'Anjou, par Bourdigne, lettre gottique, fol. paris Galliot Dupré 1529. veau fauue, iij. liu. x. ſ.

Euclidis Elementorum cum Comment. Commendini, fol. Piſauri 1619. veau fauue, iij. liu. x. ſ.

Guichardin deſcription des Pays-bas, fol. Amſtelodami 1625. veau fauue, v. liu.

Oeuures de Philon Iuif, en François, fol. à Paris Cheſneau 1575. veau fauue, iij. liu. x. ſ.

Vranometria Bayeri, fol. cum figuris 1603. veau fauue, iij. l. x. ſ.

Siege de Bolduc, fol. Lugduni Batauorum 1631. veau fauue, ij. liu. x. ſols.

Siege de Breda, fol. Antuerpiæ 1631. veau fauue, ij. liu. x. ſ.

Obſidio Corbeienſis, fol. à paris 1637. veau fauue, xx. ſ.

Baccius de Thermis, fol. Romæ 1622. veau fauue, iij. l. x. ſ.

Hiſtoria General de Eſpanna de Mariana, fol. en Madrid 1617. deux volumes, veau fauue, vij. liu. x. ſ.

Hiſtoria de los Condes de Barcelona de Diago, fol. en Barcelona 1603. veau fauue, iv. liu.

Hiſtoria de las Ordenes Militares, de Santiagio fol. en Madrid

Madrid 1629. veau fauue, v. liu.

Archimedis Opera cum Comment. Commandini, fol. Venetia 1558. veau fauue, iv. liu.

Lansbergi Tabulæ Motuum Cælestium, fol. Magdeburgi 1632. veau fauue, iij. liu. x. s.

Hierologia Anglica, fol. Londini 1620. cum figuris, veau fauue, iij. liu. x. s.

Nobiliario de Espagna por Alonzo Lopez de Haro, fol. en Madrid 1622. deux volumes, veau fauue, ix. liu.

Philosopia Moral de Principes por Iuan de Torres, fol. en Barcelona, deux volumes 1598. veau fauue, vij. liu.

Histoire de Paul Æmile, en François, fol. à Paris Fezandat 1556. veau fauue, ij. liu. x. s.

Palmerin d'Angleterre, fol. à Lyon, deux volumes 1552. veau fauue, ij. liu. x. s.

Fortificatione de Battista Bellici, fol. 1598. veau fauue, iij. l.

Espeio de principes y Caualleros por Marcos Martinez, fol. en Caragoca, por Pedro Cabarte 1623. trois volumes, veau fauue, x. liu.

Lancelot Dulac fol. trois volumes, lettre gottique 1533. veau fauue, xiij. liu.

La Saincte Geographie, de la Peyre, fol. à Paris Estienne 1629. veau fauue, ij. liu.

Iulij Firmici Astronomicon, fol. Basileæ 1551. veau fauue, ij. l.

Milles & Amis, fol. lettre gottique, à Paris Petit, xxx. s.

Scaligeri de causis Plantarum Theophrasti, fol. Lugduni 1566. veau fauue, xxxv. s.

Histoire d'Herodote, en François, fol. à Paris 1556. veau fauue, ij. liu.

Memoires des Commines, fol. Lyon 1559. veau fauue, xxxv. sols.

Reinecij Chronica Sclauorum, fol. Francofurti 1581. veau fauue, xxv. s.

Lucij Dextri Chronicon, fol. Lugduni 1627. veau fauue, xxx. s.

Sauorgnago de l'arte militare, fol. in Venetia, 1614. veau fauue, ij. liu. x. s.

Polibe en François, fol. Lyon 1558. veau fauue, ij. liu. v. s.

H

Fortification de Fritach, fol. à Leyde 1635. veau fauue, ij. liu.

Hiſtoria delos Reys godos por Iulian del Caſtillo, fol. en Madrid 1624. veau fauue, iv. liu.

Oeconomics d'Eſtat, Tome premier, fol. à Amſterdam, veau fauue, iv. liu.

Platonis Opera Latinè, fol. Lugduni 1588. iij. liu.

Hiſtoria de la fundation de Mexico, fol. en Bruxellas 1625. veau fauue, iij. liu.

Cardanus in Prognoſtica Hipocrat. fol. Baſileæ 1568. veau fauue, ij. liu. x. ſ.

Cardanus de rerum Varietate, fol. Baſileæ 1557. veau fauue, iij. liu.

Le ſecret d'Architecture, de Iouſſe, fol. à la Fleche Griueau 1642. veau fauue, ij. liu. x. ſ.

Auicennæ Opera, fol. deux volumes, Venetiis apud Iuntas 1608. veau fauue, ix. liu.

Icones Medicorum, fol. 1603. Raphelinge, veau fauue, iij. liu.

Kepleri Tabulæ Rodolphinæ, fol. 1627. veau fauue, iv. liu. x. ſ.

Hiſtoria de Santiago, fol. in Madrid 1607. veau fauue, v. liu.

Iſole di Porecachi, fol. Venetia 1590. veau fauue, iv. liu.

Regole militari del Melzo, fol. en Anuerſa 1611. veau fauue, ij. liu. x. ſols.

Conſeruation de las Monarquias, fol. en Madrid 1617. veau fauue, iij. liu. x. ſ.

Thucydide, en François, fol. à paris Morel 1600. veau fauue, iij. liu.

Leouitij Eclipſis, fol. Auguſtæ Vindelicorum 1556. veau fauue, xxx. ſ.

Les Familles de France, par Medailles, par de Bye fol. à paris 1634. veau fauue, v. liu.

Cornelius Tacitus Lipſij, fol. Antuerpiæ Plantin 1585. veau fauue, iij. liu.

Licetus de his qui ſinè alimento viuunt, fol. Patauij 1612. veau fauue, iij. liu.

Kepleri Stereometria, fol. Lincij 1615. veau fauue, ij. liu.

Keplerij Harmonices Mundi, fol. Lincij Auſtriæ 1619. veau fauue, ij. liu. x. ſ.

Nonii Opera Astronomia, fol. Basileæ 1566. veau fauue, ij. l. x. s.

Amphitheatrum Sapientiæ, fol. Hanouiæ 1609. veau fauue, iv. liu.

Commentaria Cæsaris textus, fol. à paris Vascosan 1543. veau fauue, ij. liu.

La Charge des Gouuerneurs des Places, fol. à Paris Guillemot 1639. veau fauue, ij. liu. x. s.

Obras de Ludouico Blosio, fol. en Madrid 1608. veau fauue, iij. liu. x. sols.

Bellantij defensio Astrologiæ, fol. Venetiis 1502. veau fauue, ij. liu.

Histoire de Thesceus de Coulogne, fol. lettre gottique, paris 1534. veau fauue, ij. liu.

Licetus de Spontaneo viuentium ortu, fol. Vicentiæ 1608. veau fauue, iij. liu.

Arnaldus de Villanoua, fol. lettre gottique, Lugduni 1520. veau fauue, ij. liu. x. s.

Trattato del Titolo Regio dato alla Serenissima Casa di Sauoia, fol. in Torino 1633. veau fauue, ij. liu. x. s.

Recueil de diuerses armoiries, par le sieur de la Colombiere, fol. Tauernier 1639. veau fauue, ij. liu. x. s.

Catalogue des Connestables de France, fol. à paris Vascosan 1555. veau fauue, iij. liu.

Guillimanni Habsburgiaca siuè domus Austriæ, fol. Mediolani 1605. veau fauue, iij. liu. x. s.

Ausonius Vineti, in quarto, Burdigalæ Milanges 1580. veau fauue, ij. liu. v. s.

Gramundi Historia Galliæ, fol. Tholosæ 1643. veau fauue, iij. liu. x. sols.

Raëtia en Allemand, fol. maroquin incarnat, iij. liu.

Vegetius de re Militari, fol. paris 1532. veau fauue, iij. liu. x. s.

Republicas del Mundo, fol. en Salamanca 1595. trois volumes, veau fauue, xv. liu.

La Legende dorée, imprimée lettre gottique, fol. paris 1499. veau fauue, xxx. s.

La Castramentarion, par Steuin, fol. à Leyde 1618. veau fauue, xxx. sols.

Cælius Rhodiginus, fol. Francf. 1599. veau fauue, iij. liu. x. ſ.

Verulamij Nouum Organum, fol. Londini 1620. veau fauue, xxxv. ſ.

La Toyſon d'or, lettre gottique, fol. à paris 1530. veau fauue, ij. liu. x. ſols.

Deſcriptionis Ptolomaïca, fol. Duaci 1603. veau fauue, xx. ſ.

Manuſcrit, en Italien, de Fortifications, fol. maroquin incarnat, ij. liu.

Funerali Antichi de Porcachi, fol. cum le figure, Venetia 1554. veau fauue, iij. liu.

Italia Noua Hondi, in quarto, long. Amſtelodami 1626. veau fauue, iv. liu.

Errores Vlyſſis, in quarto, long. cum figuris, paris 1634. veau fauue, v. liu.

Guidi Vbaldi Opera, fol. ſix volumes, Venetiis, relié veau fauue, xx. liu.

Vuaſtart Præclarum dimicandi Specimen de propagatione Mortalium, fol. paris veau fauue, xv. ſ.

Cartes generalles des coſtes de France, par Taſſin, in quarto, long. 1634. veau fauue, xxx. ſ.

El Gouernador Chriſtiano, fol. en Salamanca 1612. veau fauue, ij. liu. x. ſ.

Hiſtoria Oriental, de Fernand Mendez Pinto, fol. en Madrid 1627. veau fauue, iij. liu.

Dom Floriſel de Niquea, fol. en Caragoca 1568. veau fauue, iij. liu.

Amadis de Gaule, en Eſpagnol, fol. en Alcala 1588. veau fauue, iv. liu.

Ariſtotelis Opera Latinè, Baſileæ 1542. deux volumes, veau fauue, manque le ſecond Tome, in fol. iij. liu.

Ius Succedendi in Luſitania, fol. paris 1641. veau fauue, xxx. ſ.

Amadis de Gaule, Tome 7. 8. 10. 11. & 12. fol. à paris 1556. cinq volumes, veau fauue, vij. liu. x. ſ.

Dom Belianis de Grecia, fol. en Burgos 1587. veau fauue, iij. liu.

Les Triomphes de la Noble Dame, par le Trauerſeur, fol. lettre gottique, à paris 1536. veau fauue, xx. ſ.

Hiſtoria

Hiſtoria de Dom Philippe IV. Rey de las Eſpannas, fol. en Liſboa 1631. veau fauue, iv. liu.

Grollæ Obſidio, fol. Amſtelod. 1629. veau fauue, xxv. ſ.

Pacquet de Meurſius, contenant 18. volumes, in quarto, reliez veau fauue, cotté A, ix. liu.

Introitus Cardinalis Infantis in Antuerp. fol. grand papier 1642. veau fauue, x. liu.

Flãdria Illuſtrata Sanderi, fol. deux volumes, Coloniæ Agrippinæ 1641. relié en velin, & doré à la mode de Flandre, xxiv. liu.

Second Tome de Cantacuſenus, fol. de l'Imprimerie Royalle 1645. relié maroquin Incarnat, iij. liu.

Græciæ Antiquæ de Samſon, fol. Paris 1637. couuert papier marbré, x. ſ.

Pacquet de Lycetus, contenant neuf volumes, in quarto, reliez veau fauue, cotté B, iv. liu. x. ſ.

Pacquet de Keplerus, in quarto, contenant dix volumes, reliez veau fauue, cotté C, vj. liu.

Pacquet de Campanella, in quarto, contenant cinq volumes, reliez veau fauue, cotté D, iij. liu.

Vie de Ieſus-Chriſt par Montreüil, in quarto, Paris, Camuſat 1637. deux volumes, reliez veau fauue, iij. liu. x. ſ.

Pacquet de neuf volumes de Comedies, en Eſpagnol, in quarto, reliez veau fauue, cotté E, ix. liu.

Pacquet de diuers Poëtes Eſpagnols, contenãt huict volumes, in quarto, reliez veau fauue, cotté F, vj. liu.

Pacquet de neuf volumes de diuers Liures Eſpagnols, in quarto, reliez veau fauue, cotté G, vj. liu.

Pacquet de douze volumes de diuerſes Hiſtoires, en Eſpagnol, in quarto, veau fauue, cotté H, ix. liu.

Autre pacquet de diuers liures Eſpagnols, contenant vnze volumes, in quarto, reliez veau fauue, cotté I, vij. liu.

Pacquet de diuerſes Rimes & Poëſies, en Italien, in quarto, contenant quatorze volumes, reliez veau fauue, cotté K, ix. liu.

Autre pacquet de diuers liures Italiens, contenant vnze volumes, in quarto, reliez veau fauue, cotté L, vij. liu.

Autre pacquet de diuers liures Italiens, contenant douze volumes, in quarto, reliez veau fauue, cotté M, viij. liu.

Autre pacquet de diuers liures Italiens, contenant treize volumes, in quarto, reliez veau fauue, cotté N, viij. liu.

Pacquet de vingt volumes de liures de Mathematiques, en Latin, in quarto, reliez veau fauue, cotté O, x. liu.

Autre pacquet de diuers liures Latins, contenant vnze volumes, in quarto, reliez veau fauue, cotté P, vij. liu.

Autre pacquet de diuers liures de Theologie Latins, contenant vnze volumes, in quarto, reliez veau fauue, cotté Q, vij. li.

Autre pacquet de diuers autres liures Latins, in quarto, contenant douze volumes, reliez veau fauue, cotté R, vij. liu. x. ſ.

Autre pacquet de diuerſes Comedies & poëſies Françoiſes, contenant dix-ſept volumes, in quarto, veau fauue, cotté S, viij. l.

Autre pacquet de diuers liures François, contenant douze volumes, in quarto, veau fauue, cotté T, vij. liu.

Autre pacquet de diuers liures François, contenant dix volumes, in quarto, veau fauue, cotté V, vij. liu.

Autre pacquet de diuers liures François, contenant vnze volumes, in quarto, veau fauue, cotté X, vj. liu.

Mercure François octauo, en deux pacquets, de vnze volumes à chacun, où manque le dixiéme volume, leſdits deux pacquets, reliez veau fauue, & cottez Y, & Z, xx. liu.

Pacquet de treize volumes, in octauo, de diuers liures d'Hiſtoire, en François, cotté A A, vij. liu. x. ſ.

Pacquet de douze volumes, in octauo, de diuerſes Hiſtoires, en François, reliez veau fauue, cotté B B, vij liu.

Pacquet de douze volumes, in octauo, de diuerſes Hiſtoires, en françois, reliez veau fauue, cotté C C, vij. liu.

Autre pacquet de diuers liures, in octauo, de diuerſes Hiſtoires, en françois, reliez veau fauue, cotté D D, iv. liu.

Memoires de la Ligue, in octauo, ſix volumes, reliez veau fauue, cotté E E, vj. liu.

Pacquet de huict volumes, in octauo, de diuers liures François d'Hiſtoire, veau fauue, cotté F F, v. liu.

Autre pacquet de huict volumes, de diuerſes Hiſtoires en françois, reliez veau fauue, cotté G G, iv. liu. x. ſ.

Pacquet de huict volumes, de diuers liures François, in octauo, reliez veau fauue, cotté H H, iij. liu.

Pacquet de diuers liures, en François, contenant dix volumes, reliez veau fauue, cotté II, v. liu.

Memoires de Villeroy, in octauo, quatre volumes, veau fauue, cotté KK, iij. liu.

Pacquet de douze volumes, in octauo, de diuers liures de poësie, en François, reliez veau fauue, cotté LL, iv. liu. x. s.

Pacquet de vnze volumes, in octauo, de diuers liures d'Eloquence Françoise, cotté MM, iv. liu. x. s.

Pacquet de huict volumes de Lettres, & autres traitez de Balzac, in octauo, reliez veau fauue, cotté NN, ij. liu. x. s.

Pacquet de six volumes de Charron, & autres en François, in octauo, cotté OO, iij. liu. x. s.

Pacquet de cinq volumes des Oeuures de Guillebert, in octauo, reliez veau fauue, cotté PP, xxx. s.

Pacquet de six volumes, in octauo, contenant trois volumes d'Astrée Durfé, & trois volumes d'Arcadie de Pembroc, reliez veau fauue, cotté QQ, iij. liu.

Pacquet de huict volumes de liures François, sçauoir quatre d'Orasie, deux des Pensées du Solitaire, & deux de Cassandre, in octauo, reliez veau fauue, cotté RR, iij. liu.

Pacquet de huict volumes, in octauo, contenant quatre volumes de Polexandre, & quatre volumes de l'Illustre Bassa, reliez veau fauue, cotté SS, iv. liu. x. s.

Pacquet de cinq volumes de diuers liures d'Homelies, & liures de Deuotion, de Monsieur du Bellay, in octauo, & in douze, veau fauue, cotté TT, ij. liu.

Autre pacquet de diuerses Histoires de du Bellay, contenant huict volumes, reliez veau fauue, cotté VV, iij. liu. x. s.

Autre pacquet de du Bellay, in octauo, de diuerses Histoires, contenant neuf volumes, cotté XX, iij. liu. x. s.

Pacquet de dix volumes, in octauo, de du Bellay, touchant le deuoir du bon Parroissien, cotté YY, iij. liu. x. s.

Pacquet de treize volumes de du Bellay, in octauo, touchant le directeur Desinteressé, veau fauue, cotté ZZ, iiij. liu.

Pacquet de huict volumes de Romans, in octauo, reliez veau fauue, cotté AAa, iii. liu.

Pacquet de huict volumes de diuers liures de Deuotion, in

octauo, reliez veau fauue, cotté B B b, iv. liu.

Pacquet de diueres liures François, in octauo, contenant treize volumes, reliez veau fauue, cotté C C c, iv. liu. x. s.

Autre pacquet de huict volumes, in octauo, de diuers liures François, veau fauue, cotté D D d, iv. liu.

Pacquet d'œuures de Pasquier, & autres, contenant neuf volumes, in octauo, reliez veau fauue, cotté E E e, iij. liu.

Pacquet de treize volumes, in octauo, de diuers liures François, cotté F F f, v. liu.

Pacquet de vnze volumes, in octauo, de diuers liures François, cotté G G g, iij. liu. x. s.

Pacquet de six volumes d'Edicts, & Ordonnances, in octauo, reliez veau fauue, cotté H H h, xxx. s.

Pacquet de douze volumes, in octauo, de diuers liures François, reliez veau fauue, cotté I I i, iv. liu.

Autre pacquet de huict volumes, in octauo, de diuers liures de Philosophie, & Mathematiques, reliez veau fauue, cotté K K k, iij. liu.

Pacquet de six volumes de liures Espagnols, in octauo, reliez veau fauue, cotté L L l, ij. liu.

Pacquet de diuers liures Espagnols, contenant dix volumes, in octauo, cotté M M m, iv. liu.

Pacquet de diuers liures en Espagnol, in octauo, contenant dix volumes, reliez veau fauue, cotté N N n, iv. liu.

Pacquet de vnze volumes de diuers liures Espagnols, in octauo, reliez veau fauue, cotté O O o, v. liu.

Autre pacquet de dix volumes, de diuers liures en Espagnol, in octauo, cotté P P p, iv. liu. x. s.

Pacquet de dix volumes, in quarto, de diuers liures, reliez parchemin, & veau fauue, cotté Q Q q, ij. liu.

Pacquet de quinze volumes de Gazettes & Conferences, in quarto, reliez veau fauue, & parchemin, cotté R R r, viij. li.

Errizo delle Medagliè, in quarto, Venetia 1559. veau noir, iij. liu. x. sols.

Pacquet de liures Italiens d'Aretin, in octauo, reliez veau fauue, contenant sept volumes, cotté S S s, iv. liu.

Pacquet de neuf volumes, de diuerses Lettres, en Italien, in

octauo,

oƈtauo, veau fauue, cotté T T t, iv. liu. x. ſ.

Pacquet de ſix volumes, in oƈtauo, en Italien, reliez veau fauue, cotté V V u, iij. liu. x. ſ.

Pacquet de dix volumes, in oƈtauo, de diuers liures Italiens, veau fauue, cotté X X x, iv. liu. x. ſ.

Pacquet de douze volumes, in oƈtauo, Italiens, cotté Y Y y, iv. liu. x. ſols.

Pacquet de diuers liures Italiens, contenant treize volumes, in oƈtauo, veau fauue, cotté Z Z z, v. liu. x. ſ.

Pacquet de quatorze volumes, in oƈtauo, de diuers liures Italiens, reliez veau fauue, cotté A A A a, v. liu.

Pacquet de douze volumes, de diuers liures Italiens, in oƈtauo, veau fauue, cotté B B B b, iv. liu.

Pacquet de diuers poëtes Latins, in oƈtauo, veau fauue, cotté C C C c, iij. liu.

Pacquet de diuers poëtes, contenant dix volumes, in oƈtauo, veau fauue, cotté D D D d, iij. liu.

Pacquet de huiƈt volumes, in oƈtauo, Latins, veau fauue, cotté E E E e, iij. liu.

Pacquet de ſix volumes, in oƈtauo, de Raymundus Lulius & Pomponatius, veau fauue, cotté G G G g, ij. liu. x. ſ.

Pacquet d'vn Theatrum Chymicum, in oƈtauo, cinq volumes, veau fauue, cotté H H H h, iij. liu.

Pacquet de ſept volumes, d'Herigonne, in oƈtauo, Latin & François, veau fauue, cotté I I I i, ij. liu.

Mantuani Opera, in oƈtauo, quatre volumes, veau fauue, cotté L L L l, ij. liu.

Pacquet de neuf volumes, de diuerſes Epiſtres en Latin, in oƈtauo, veau fauue, cotté M M M m, iij. liu.

Pacquet de diuers poëtes Latins, hiuƈt volumes, in oƈtauo, veau fauue, cotté N N N n, ij. liu. x. ſ.

Pacquet de Scaliger Heinſius & Meurſius, contenant huiƈt volumes, in oƈtauo, veau fauue, cotté O O O o, iij. liu. x. ſ.

Pacquet de douze volumes, in oƈtauo, de Cardanus Mizaldus, & autres liures en Latin, reliez veau fauue, cotté P P P p, v. l.

Pacquet de neuf volumes, in oƈtauo, de diuers liures Latins, reliez veau fauue, cotté Q Q Q q, iv. liu.

Pacquet de neuf volumes de liures Latins, in octauo, cotté RRRr, iij. liu. x. s.

Pacquet de dix volumes, in octauo, liures Latins, cotté SSSs, iv. liu. x. sols.

Pacquet de douze volumes, in octauo, liures Latins, cotté TTTt, iv. liu. x. sols.

Pacquet de vnze volumes, in octauo, de liures Latins, reliez veau fauue, ou parchemin, cotté VVVu, iv. liu.

Pacquet de vnze volumes, in octauo, liures Latins, veau fauue, cotté XXXx, v. liu.

Pacquet de quatorze volumes Latins, in octauo, veau fauue, cotté YYYy, v. liu.

Pacquet de quatorze volumes, in octauo, cotté ZZZz, v. liu.

Pacquet de vnze volumes de diuers liures, in octauo, veau fauue, cotté AAAaa, iij. liu. x. s.

Pacquet de cinq volumes, in octauo, de liures François, cotté BBBbb, iij. liu.

Pacquet de neuf volumes de diuers liures Espagnols, in douze, cotté CCCcc, ij. liu. x. s.

Pacquet de dix volumes de Tasso, & de Marino, in douze, en Italien, veau fauue, cotté DDDdd, iiij. liu.

Pacquet de quatorze volumes en Italien, in douze, de poësies & Rimes, veau fauue, cotté EEEee, iij. liu.

Pacquet de dix-huict volumes, in douze, en Italien, reliez, veau fauue, cotté FFFff, iv. liu.

Pacquet de treize volumes de diuers liures en Italien, in douze, cotté GGGgg, iij. liu.

Pacquet de douze volumes en Italien, in douze, cotté HHHhh, iij. liu.

Pacquet de huict volumes, in vingt-quatre, de Aretin, en Italien, cotté IIIii, ij. liu.

Trois pacquets de seize volumes à chacun, contenant quarante huict volumes de diuerses Republiques en Latin, in vingt-quatre, veau fauue, cotté KKKkk, LLLll, MMMmm, seize liures,

Pacquet de vnze volumes, in douze, en François, cotté NNNnn, ij. liu. x. s.

Pacquet de douze volumes, in douze, en François, cotté OOOoo, ij. liu. x. ſ.

Pacquet de dix volumes en François, in douze, cotté PPPpp, ij. liu.

Cinq volumes d'Amadis de Gaule, in ſeize, cotté QQQqq, xxxv. ſols.

Pacquet de dix volumes, de Deliciæ Poëtarum Gallorum, Belgicorum, & Scotorum, in ſeize, veau fauue, cotté RRRrr, ij. liu.

Pacquet de dix volumes de diuers liures Latins, in douze, cotté SSSſſ, ij. liu. x. ſ.

Pacquet de douze volumes, in douze, Latins, reliez veau fauue, cotté TTTtt, ij. liu. x. ſ.

Pacquet de dix volumes, in ſeize, Latins, cotté VVVuu, ij. liu.

Pacquet de dix-huict volumes, in vingt-quatre, en Latin, reliez veau fauue, cotté XXXxx, iij. liu.

La priſée des Liures contenus au preſent Inuentaire, monte à la ſomme de trois mil deux cens quatre liures, ſauf l'erreur de calcul.

www.ingramcontent.com/pod-product-compliance
Ingram Content Group UK Ltd.
Pitfield, Milton Keynes, MK11 3LW, UK
UKHW021118230726
13926UKWH00002B/538

9 782014 466676